Esta serie de libros recopila los conocimientos prácticos que el Center for Creative Leadership (CCL®) ha acumulado desde su fundación en 1970 a través de su labor de investigación y su actividad educativa en colaboración con cientos de miles de directivos y ejecutivos. Gran parte de estos conocimientos se comparten de una forma distinta a como se haría tradicionalmente en un departamento universitario, una asociación profesional o una asesoría. CCL es algo más que un conjunto de expertos independientes, aunque las credenciales personales de sus empleados son impresionantes; se trata más bien de una comunidad cuyos miembros comparten una serie de principios y trabajan juntos para comprender y dar respuestas prácticas a los retos organizativos y de liderazgo actuales. El objetivo de esta serie de libros es proporcionar a los directivos asesoramiento específico sobre la forma de realizar una determinada tarea de desarrollo o solucionar un problema de liderazgo. De este modo, la serie cumple la misión del CCL de hacer avanzar los conocimientos, la práctica y el desarrollo del liderazgo en beneficio de la sociedad mundial. Estamos convencidos de que la serie Ideas en Acción supondrá una importante aportación a sus recursos sobre el liderazgo.

CCL está sinceramente agradecido a **Sloan R. Weitzel**, el autor principal de la primera edición de *Feedback efectivo*, publicada en el año 2000.

También desea transmitir un agradecimiento especial a Craig Chappelow, George Hallenbeck y Clemson Turregano por revisar una versión inicial de este trabajo.

FEEDBACK
EFECTIVO

Cómo crear y transmitir mensajes

Segunda edición

Publicado originalmente en inglés como *Feedback That Works: How to Build and Deliver Your Message*, Segunda edición, Copyright ©2019 Center for Creative Leadership

N.º de CCL: 00470ES-IN

ISBN (EDICIÓN IMPRESA): 978-1-60491-972-1

ISBN (EPDF): 978-1-60491-973-8

ISBN (EPUB): 978-1-60491-974-5

Datos de catalogación previa a la publicación registrados en la Biblioteca del Congreso.

Publicado por el Center for Creative Leadership
Publicaciones de CCL

Director de desarrollo de publicaciones: Peter Scisco
Editor: Shaun Martin
Derechos y permisos: Kelly Lombardino
https://www.ccl.org/permission-republish-request/
Diseño y maquetación: Carly Bell
Traductora: Elisa Cristóbal González

ÍNDICE

¿EN QUÉ CONSISTE EL *FEEDBACK* EFECTIVO?

Una de las mejores acciones de desarrollo que puede llevar a cabo es la de comunicar un mensaje específico basado en el desempeño observado. El Center for Creative Leadership (CCL) define el *feedback* como la información que da una persona en respuesta a las acciones que observa en los demás. Puede que alguna vez le haya dicho a otro directivo, a un compañero de trabajo o incluso a su jefe que es un buen líder, que se comunica bien o que debería adoptar un enfoque más estratégico. Es posible que crea que tales afirmaciones son ejemplos útiles de *feedback*, pero solo evalúan o interpretan; no describen ningún comportamiento específico que permita a la persona aprender y desarrollarse a base de repetir o evitar ese comportamiento.

El *feedback* efectivo sirve para el desarrollo. Debería permitir a la persona que lo recibe comprender exactamente lo que hizo en una situación determinada y el impacto que su comportamiento tuvo en otras personas. Cuando el *feedback* es así de directo y específico, es más probable que la persona que lo recibe se motive para adoptar, seguir mostrando o poner fin a los comportamientos que afectan a su desempeño.

Piense en el *feedback* que haya dado a sus compañeros de trabajo, jefes o subordinados directos sobre su desempeño. A continuación, plantéese: ¿qué acciones concretas le llevaron a pensar que esa persona era un buen líder? ¿Qué dijo esa persona y cómo lo dijo para hacerle pensar que se comunica bien? ¿Qué hizo esa persona para que usted considerara que su enfoque no era lo suficientemente estratégico?

En las páginas siguientes, aprenderá a responder a preguntas como estas mientras desarrolla sus habilidades con el método de *feedback* SCI (Situación, Comportamiento, Impacto). Cuando acabe de leer este libro, podrá:

- Proporcionar a un jefe, compañero o subordinado directo *feedback* que represente adecuadamente sus pensamientos, sin culpar a nadie, emitir juicios de valor ni dejarse llevar por las emociones.

- Transmitir el *feedback* de una manera que sea fácil de entender para el receptor.

- Ser más consciente del comportamiento real de la persona y de los mensajes que dicho comportamiento envía.

- Comprender la importancia y los matices de entregar un *feedback* efectivo en el entorno virtual.

- Ser más consciente de sus respuestas emocionales ante las acciones de los demás.

- Incrementar la probabilidad de recibir más *feedback* que pueda utilizar para su propio desarrollo.

LOS DIEZ ERRORES QUE SE SUELEN COMETER A LA HORA DE DAR *FEEDBACK*

CCL ha descubierto en su trabajo con miles de personas de organizaciones con y sin ánimo de lucro que son solo unas pocas las que consideran que proporcionan un *feedback* de calidad y coherente a las personas con las que trabajan. ¿Por qué son tan pocas? Alegan diversas razones: «Es difícil de hacer», «Me da miedo decir algo de lo que después me arrepienta», «La gente se molesta cuando escucha cosas que no le gustan» o «Puede comprometer mis relaciones de trabajo». Todas estas preocupaciones lógicas se derivan de los errores que se suelen cometer a la hora de dar *feedback*:

01 *El feedback juzga a las personas en lugar de describir sus acciones.* El error más común que se comete a la hora de dar *feedback* es expresarlo como un juicio de valor. Si le dice a alguien «Fue demasiado brusco» o «Debe mejorar sus habilidades de trabajo en equipo», le envía un mensaje claro acerca de lo que usted considera que está «bien» o «mal», además de haber juzgado que la actuación de esa persona no cumple las expectativas. El *feedback* basado en los juicios de valor pone a las personas a la defensiva. Apenas pronuncie esas palabras, el destinatario del *feedback* pensará: «¿Quién se cree que es para llamarme brusco?». La energía que invertirá esa persona en defenderse de su ataque frustrará cualquier posibilidad de mantener una conversación útil.

02 *El feedback es demasiado genérico en lo referente al comportamiento.* El segundo error más común a la hora de dar *feedback* es usar frases cliché generales como «Es un buen líder», «Hizo un gran trabajo en la presentación» o «Tiene mucho sentido común». La persona que escuche estas palabras podría alegrarse de recibir un cumplido, pero no tendrá ni idea de lo que hizo realmente para ganarse su admiración. Si quiere animar a alguien a repetir un comportamiento productivo, tiene que hacerle saber lo que hizo bien para que pueda continuar haciéndolo.

03 *El feedback incluye opiniones ajenas.* Decir algo como «Silvia comentó que usted no parecía tener clara su nueva tarea» o «Me han comentado que está ejerciendo un control excesivo» no es dar un *feedback* efectivo. En el mejor de los casos, el receptor se quedará perplejo por tales enunciados y se preguntará por qué sus compañeros piensan eso, o quién hace esos comentarios a sus espaldas. Es posible que le avergüence haber recibido ese comentario a través de usted en vez de esas otras personas y se resienta con sus compañeros por haberlo dicho. Con toda esa maraña de emociones, la persona que recibe el *feedback* podría ponerse a la defensiva y no escuchar su mensaje.

04 *Se intenta amortiguar el feedback negativo entre mensajes positivos.* Si tiene que dar *feedback* negativo, es muy tentador decir primero algo positivo, luego la parte negativa y, finalmente, intentar suavizar la situación con otro mensaje positivo (como si hiciera un emparedado con lo malo en medio). Es posible que sus intenciones sean buenas, pero se equivoca si piensa que las personas que reciben esta clase de *feedback* terminan captando el mensaje correcto. Por el contrario, el destinatario no tardará en darse cuenta de lo que está haciendo, filtrará los dos extremos positivos y se centrará en el mensaje negativo que quede en el medio.

05 *El feedback se exagera con generalizaciones.* Otro error habitual es usar términos como «siempre» o «nunca». Al oír estas palabras, el destinatario normalmente se pondrá a la defensiva, ya que podrá recordar muchas ocasiones en las que su comportamiento no se ajustó a lo que usted afirma.

06 *El feedback analiza los motivos que provocaron el comportamiento.* Decirle a una persona que sabe que se está comportando de un cierto modo debido a un divorcio inminente, a los celos por los avances de un compañero o al desgaste laboral no es nada efectivo, ya que es muy probable que su interpretación de los motivos y las intenciones de la otra persona sea totalmente errónea. El *feedback* que trata de explicar los motivos suele provocar resentimiento en el receptor.

07 *El feedback se eterniza.* Con frecuencia, cuando se está dando *feedback*, es difícil saber cuándo detenerse. Se dan consejos, se describen experiencias personales y se intentan resolver los problemas de la otra persona. Las personas que reciben el *feedback* necesitan tiempo para digerir y asimilar la información que acaban de recibir.

08 *El feedback contiene una consecuencia o amenaza implícita.* Decirle a alguien que su trabajo está en juego («¿Desea llegar a algo en esta organización?») no refuerza el buen comportamiento ni ilustra el mal comportamiento; solo crea hostilidad.

09 *El feedback utiliza un humor inapropiado.* Si le resulta incómodo dar *feedback* o si en ocasiones habla antes de pensar, quizá utilice el sarcasmo como un sustituto del *feedback*. Darle las «buenas tardes» a un compañero que llega diez minutos tarde a una reunión por la mañana no le indica a esa persona cómo le ha afectado a usted ese comportamiento ni le da ninguna razón para cambiarlo.

10 *El feedback se formula como una pregunta en vez de como un enunciado.* Formular el *feedback* como si fuera una pregunta («¿Cree que podría prestar más atención durante la próxima reunión?») es demasiado indirecto para ser eficaz. Además, puede interpretarse como una pregunta sarcástica, a la cual el receptor puede responder a la defensiva, o bien interpretarse como una pregunta retórica, a la cual el receptor puede responder con indiferencia.

El poder de la negatividad

Es probable que haya oído hablar del poder del positivismo. No en vano existen multitud de manuales de autoayuda que recomiendan hábitos de pensamiento positivo. La verdad es que hay muchas pruebas que respaldan este consejo tan popular. Según la revista de divulgación psicológica *Psychology Today*, las experiencias negativas tienen un mayor impacto en nuestro cerebro que las positivas. Es el llamado «sesgo negativo». De hecho, el poder de la negatividad es tan automático que el cerebro muestra un aumento de la actividad eléctrica cuando recibe estímulos negativos. Es decir, que somos más sensibles a la negatividad, lo que la convierte en una herramienta especialmente poderosa en nuestra vida diaria. Somos capaces de recordar claramente la única crítica negativa en medio de un *feedback* positivo.

Nuestra tendencia natural a centrarnos en lo negativo conlleva la necesidad de prestar mucha atención a lo que decimos y hacemos al relacionarnos con los demás. Es útil recordar que la mayoría de las personas solo pueden procesar un comentario negativo a la vez. Diversos estudios señalan que existe una proporción muy específica entre la cantidad de interacciones positivas y negativas necesarias para que una relación funcione: hacen falta cinco interacciones positivas para contrarrestar una crítica negativa. ¿Qué implica esto para nosotros a la hora de dar *feedback*? Que para mantener intacto el equilibrio, debemos subrayar lo positivo. Es bueno ofrecer críticas constructivas, pero con moderación. También implica que deberíamos fijarnos en aquello a lo que prestamos atención. Dada nuestra tendencia natural a centrarnos en lo negativo, debemos esforzarnos conscientemente por encontrar lo positivo en nosotros y en los demás. Fíjese en aquello que hacen bien los demás y bríndeles ese *feedback*. Cuando reconocemos los puntos fuertes de los demás, mejora todo el ambiente.

EL MÉTODO DE
FEEDBACK SCI

Para evitar los diez errores que se suelen cometer a la hora de dar *feedback*, aprenda a comunicar la información importante acerca del desempeño de un modo que ayude a las personas a escuchar lo que usted dice y a identificar formas de mejorar. A lo largo de los años, CCL ha proporcionado *feedback* a decenas de miles de personas, y gracias a esta experiencia ha desarrollado una técnica a la que denomina *feedback* SCI, siglas que corresponden a Situación-Comportamiento-Impacto (SBI por sus siglas en inglés). Mediante el *feedback* SCI, puede proporcionar *feedback* que sustituya los ataques personales, los juicios incorrectos, los enunciados generales y los desaires de terceras personas por comentarios directos y objetivos sobre las acciones de una persona. Al oír esta clase de *feedback*, el receptor podrá ver más fácilmente qué acciones puede realizar para continuar con su buen desempeño o mejorarlo, o para cambiar un comportamiento ineficaz.

El *feedback* SCI es efectivo porque es una técnica sencilla. Está diseñada para mitigar lo máximo posible las respuestas defensivas que nos nacen automáticamente cuando interactuamos con otras personas en determinadas situaciones (como cuando alguien nos dice: «Tengo que darle *feedback*»). Las respuestas defensivas no son buenas ni malas; son simplemente parte de nuestro legado evolutivo y se producen cuando percibimos una amenaza, aunque esta no sea real. Al dar *feedback* SCI, describimos la situación y el comportamiento observado, y explicamos el impacto que dicho comportamiento tuvo en nosotros. Le resultará una estrategia sencilla, directa y efectiva, si aprende sus tres pasos y los practica con regularidad. En las siguientes páginas, le mostraremos cómo utilizar cada componente del modelo de *feedback* SCI. Al utilizar *feedback* SCI, emulará a los líderes más eficaces y evitará los errores habituales que interfieren en la capacidad de proporcionar un feedback efectivo.

PASO 01 | Describir la situación

El primer paso para proporcionar *feedback* SCI es describir la situación específica en la cual se produjo el comportamiento. Si dice «El martes, en la sala de descanso con Carolina y Alfredo», en lugar de «Hace un par de días en la oficina con otra gente», evitará los comentarios generales y las exageraciones que entorpecen tantas oportunidades de *feedback*. Al describir la ubicación y el momento en que se produjo un comportamiento, crea un contexto para los receptores del *feedback* que les ayuda a recordar claramente sus pensamientos y su comportamiento en ese momento.

Recuerde que describir la situación concreta es solo el

primer paso. A continuación, encontrará una serie de ejemplos sobre cómo podría describir satisfactoriamente una situación al dar *feedback*:

- «Ayer por la mañana, mientras inspeccionábamos la planta...».
- «El pasado lunes, tras el almuerzo, mientras íbamos con Celia hacia la reunión...».
- «Esta mañana, cuando estábamos hablando los dos en la máquina de café...».
- «El viernes pasado por la noche, en el cóctel de bienvenida del nuevo directivo de marketing, cuando Carlos estaba explicando su nuevo trabajo...».

Es importante ser específicos; cuantos más detalles pueda utilizar para recordar la situación, más claro será el mensaje.

PASO 02 | Describir el comportamiento

Describir el comportamiento es el segundo paso para dar *feedback* SCI y también el que se omite con más frecuencia; seguramente, porque el comportamiento puede ser difícil de identificar y describir. El error más común al dar *feedback* se produce cuando las observaciones se comunican mediante adjetivos que describen a una persona en lugar de sus acciones. Los adjetivos no son eficaces porque no aportan al receptor información sobre qué comportamiento debería continuar teniendo o dejar de tener para mejorar su desempeño. Considere las siguientes frases:

- Fue grosero durante la reunión.
- Estaba muy atenta durante la reunión del grupo.
- Parecía aburrida en la presentación de su equipo.
- Parecía contento con el informe que habían presentado sus empleados.

Estas frases describen la impresión o interpretación del observador de un comportamiento. A continuación, observe la siguiente lista de acciones que podría presenciar un observador y que serían el origen de sus impresiones e interpretaciones.

- Habló al mismo tiempo que estaba hablando otra persona. (Grosero)
- Se inclinó hacia adelante, escribió notas después de que hablaran otros y después comunicó sus opiniones al grupo, repitiendo algunas de las cosas que habían dicho otras personas. (Atenta)
- Bostezó, miró hacia el techo y después por la ventana. (Aburrida)
- Sonrió y asintió con la cabeza. (Contento)

Las frases de esta lista utilizan verbos para describir las acciones de una persona. El enfoque se centra en el comportamiento mismo, no en una interpretación de su significado. Si recuerda utilizar verbos al describir el comportamiento, evitará el error de juzgarlo. Al centrarse en la acción en lugar de la impresión, podrá comunicar hechos claros que la persona podrá entender y sobre los que podrá actuar.

La eficacia de utilizar verbos en la comunicación

Las palabras que elegimos pueden tener un gran impacto en cómo los demás perciben y entienden nuestro mensaje. De acuerdo con Dawn Sillett, de la empresa de formación Zoomly, los verbos son objetivos y están menos abiertos a la interpretación. Los adjetivos son subjetivos: lo que una persona considera agresivo, otra puede calificarlo de resolutivo. Si le dice a alguien que fue grosero con un cliente, ¿qué significa eso? ¿Le gritó? ¿No estableció contacto visual? ¿Interrumpió al cliente?

Cuando usamos verbos, brindamos un *feedback* sobre el que es más fácil actuar. El receptor sabrá exactamente cómo mejorar a la próxima. De hecho, los verbos son tan claros que un observador imparcial podría corroborar lo que decimos y el receptor no podría contradecirnos. A continuación encontrará algunos ejemplos:

- «Fue grosero con el cliente» frente a «Alzó la voz delante del cliente».
- «Es perezosa» frente a «Llegó tarde tres veces esta semana».
- «Es proactivo» frente a «Se anticipó a los problemas con el cliente y buscó soluciones antes de la reunión».

Así pues, la próxima vez que le sorprenda que alguien no actúe al recibir su *feedback*, piense en las palabras que utilizó al dárselo. ¿Eligió adjetivos o verbos?

Con el objetivo de ganar experiencia en la identificación de comportamientos y, de ese modo, ser capaz de comunicar sus observaciones de manera más efectiva al receptor del *feedback*, procure captar no solamente lo que hacen las personas, sino cómo lo hacen. Piense en esta situación: si la nueva directora ejecutiva se dirige a sus empleados y les dice «Estoy encantada de ser su presidenta», no parecerá sincera si su cara no lo expresa, si habla en un tono monótono y si no gesticula en absoluto. Por eso es importante no solo capturar lo que dijo o hizo la otra persona, sino también cómo lo dijo o lo hizo. Para identificar el «cómo», preste atención a tres factores: el lenguaje corporal, el tono de voz y la forma de hablar, y la elección de las palabras.

Comportamientos difíciles

Para comprender lo difícil que puede ser identificar los comportamientos, observe la siguiente lista. Coloque una marca junto a las frases que describen comportamientos:

- [ ] excesivamente confiado/a
- [ ] muy agresivo/a
- [ ] necesita ser menos táctico/a y más estratégico/a
- [ ] arrogante
- [ ] extremadamente productivo/a
- [ ] analítico/a y con un enfoque extremadamente lógico
- [ ] trabaja bien en equipo y se preocupa por las personas de su departamento
- [ ] excelente director/a en todos los aspectos
- [ ] resolutivo/a

Si no ha marcado ninguna opción, está en el buen camino. Ninguna de las frases de la lista describe un comportamiento. Los comportamientos son las acciones que las personas llevan a cabo, mientras que la lista anterior incluye adjetivos que describen a la persona en lugar de sus acciones.

> **Los comportamientos son las acciones que las personas llevan a cabo.**

- *El lenguaje corporal* es una forma de comunicación no verbal y puede incluir las expresiones faciales, el movimiento de los ojos, las posturas corporales y los gestos con las manos. Por ejemplo:

> *Jaime estaba cada vez más irritado con Alicia durante su reunión. Alicia sacudía el pie con frecuencia, se movía sin parar en su asiento, golpeaba la mesa con el bolígrafo repetidamente y saludaba con la cabeza a las personas que pasaban por su lado mientras él hablaba.*

Aunque Alicia no dijo nada, enviaba mensajes altos y claros a través de su lenguaje corporal. Jaime puede empezar a brindar a Alicia un *feedback* efectivo diciéndole algo como lo siguiente:

> *«Alicia, durante nuestra reunión de ayer en su mesa noté que no dejó de mirar el reloj durante quince minutos. Golpeaba la mesa con el bolígrafo y se movía de un lado a otro en su asiento. También saludaba con la cabeza a las personas que pasaban por su lado mientras yo le hablaba».*

Jaime ha comunicado a Alicia la situación y varios ejemplos claros de comportamiento. Su enfoque ayudará a Alicia a comprender el impacto de su comportamiento, que es el paso final para dar *feedback* efectivo.

- *El tono de voz y la manera de hablar* se refieren al tono de voz de la persona, el volumen y la velocidad a los que habla y las pausas que hace al hablar. (Los locutores, sobre todo los de programas deportivos y de noticias, son expertos en la materia). Las características de la voz pueden ser difíciles de observar y describir con el propósito de dar *feedback* efectivo, pero pueden constituir pistas de comportamiento muy útiles. Por ejemplo:

> *Juan está presentando una nueva idea de producto a un grupo de compañeros. Durante su presentación, se detiene al menos en seis ocasiones a mitad de una frase. Tras estas pausas, su voz se ralentiza considerablemente y adopta un tono monótono. Cuando los compañeros le hacen preguntas, de repente habla muy rápido. Termina su charla diciendo, «Gracias, muchas gracias» en un tono más elevado del que ha utilizado a lo largo de todo su discurso.*

La impresión que Juan podría haberle provocado es que está inseguro, indeciso o nervioso, o que no es un buen presentador, pero decirle todo eso a él no le ayudaría a desarrollarse. El *feedback* efectivo incluiría una descripción de la forma de hablar de Juan; cómo presentó el material (las pausas, el tono y el volumen de su voz) y cuál fue su lenguaje corporal:

> *«Juan, durante su presentación de ayer se detuvo en varias ocasiones y hablaba tan bajo que apenas podía oírlo. Después, hacia el final de su presentación, cuando los compañeros le hicieron preguntas, habló muy rápido y su voz tenía un tono más alto. Su manera de presentar hizo que perdiera el interés en lo que decía y creo que no recibí toda la información que necesitaba para entender el nuevo producto».*

- La **elección de palabras** de una persona puede ser con frecuencia el componente menos importante de su comportamiento. No obstante, describir el lenguaje que una persona utiliza durante una situación específica le puede ayudar a dar *feedback* efectivo.

> *En una reunión cara a cara con un pequeño grupo de desarrollo, Roberto pierde los nervios cuando Alfredo le comunica que no podrá cumplir la fecha programada. Roberto llama a Alfredo «inútil» delante de todo el grupo. Cuando acaba la reunión, los integrantes del equipo salen en silencio sin hablar los unos con los otros.*

Si el contenido del mensaje de una persona tiene consecuencias para usted y desea dar un *feedback* efectivo, anote las palabras del orador de modo que pueda recordar exactamente lo que dijo:

«Roberto, durante la reunión de esta mañana llamó "inútil" a Alfredo delante de todo el grupo. Me resultó muy violento ver que señaló a una persona y le dirigió ese tipo de insulto. Tras oírle me sentí como si no fuéramos un equipo».

PASO 03 | Explicar el impacto

El paso final para dar *feedback* SCI consiste en transmitir el impacto que el comportamiento de la otra persona tuvo en usted o en otras personas que estuvieran presentes. El impacto que debe comunicar no consiste en cómo cree usted que el comportamiento de la persona podría afectar a la organización, los compañeros, un programa, los clientes, un producto o cualquier otra persona. El impacto que debe señalar y comunicar es lo que usted y otras personas experimentaron como resultado de ese comportamiento, y puede hacerlo de dos formas:

1. Puede evaluar o juzgar el comportamiento de la persona: *«Pensé que usted mostraba interés cuando pidió la opinión del grupo».* Esta táctica es la más común, pero también la menos eficaz de las dos, ya que la persona que recibe el *feedback* puede discrepar con su interpretación del comportamiento.

2. Puede reconocer el efecto emocional que el

comportamiento de la persona tuvo en usted o en otras personas que estuvieran presentes. *«Cuando le dijo a mi equipo en la reunión que nuestras inquietudes acerca de los plazos del producto eran "exageradas", nos sentimos menospreciados».* Este enfoque puede ser más eficaz que el primero, ya que refleja realmente la reacción ante el comportamiento de la otra persona; una reacción que solo pueden experimentar aquellos que estaban presentes. La persona que escucha su *feedback* no puede desestimar fácilmente las experiencias personales, así que es más probable que escuche su mensaje.

Al comunicar el impacto personal que un comportamiento tuvo en usted o en otras personas, está compartiendo un punto de vista y pidiendo a la otra persona que vea el comportamiento que tuvo desde su perspectiva. Si le cuesta encontrar la palabra exacta para describir el impacto que un comportamiento ha tenido en usted, ayúdese de la lista de palabras para expresar impacto positivo y negativo de la sección siguiente. Para desarrollar su eficacia al comunicar el impacto que el comportamiento de otra persona ha tenido en usted o en otras personas, practique cómo expresar el *feedback* con estas fórmulas: «Cuando usted hizo (comportamiento), yo sentí (impacto)» o «Cuando usted dijo (comportamiento), me quedé (impacto)». A continuación se muestran algunos ejemplos de cómo podría utilizar estas fórmulas a la hora de dar *feedback*. (Los ejemplos ilustran la fórmula de *feedback* SCI al completo, con el enunciado sobre el impacto subrayado).

Sofía, esta mañana en el pasillo me pidió mi opinión sobre algunas decisiones para lanzar nuestro nuevo producto. Además, con frecuencia me pide que me una al grupo a la hora del almuerzo. <u>Eso hace que me sienta integrado y parte del equipo.</u>

Mateo, en la reunión de ayer con la nueva vicepresidenta, mantuvo un tono de voz muy calmado, incluso cuando ella puso en duda las cifras de su equipo. Extendió la mano con la palma hacia arriba en varias ocasiones. <u>Tanto el equipo como yo nos sentimos muy tranquilos con su presentación.</u>

Karen, no me ha hecho ningún comentario sobre los informes de campo que he realizado. <u>Me siento desatendida.</u>

Palabras para expresar impacto positivo y negativo

Es importante emplear la palabra exacta para expresar el impacto que un comportamiento tiene en usted. La palabra adecuada puede ayudarle a evitar que el *feedback* sea ambiguo y que se malinterprete, pero no siempre es fácil encontrarla. Para ayudarle a expresar el impacto con palabras que le permitan transmitir un *feedback* efectivo, hemos recopilado esta breve lista de palabras descriptivas del impacto.

Palabras para expresar un impacto positivo

Activo/a	Cordial	Jovial
Afectuoso/a	Decidido/a	Libre
Afable	Divertido/a	Maravilloso/a
Afortunado/a	Dulce	Mejorado/a
Agradable	Embelesado/a	Orgulloso/a
Agradecido/a	Emocionado/a	Poderoso/a
Alegre	Enamorado/a	Privilegiado/a
Aliviado/a	Encantado/a	Querido/a
Amable	Entretenido/a	Radiante
Amado/a	Entusiasmado/a	Realizado/a
Amigable	Entusiasta	Recompensado/a
Amistoso/a	Esperanzado/a	Reconfortado/a
Animado/a	Estimulado/a	Relajado/a
Apreciado/a	Eufórico/a	Resuelto/a
Atento/a	Fascinado/a	Revitalizado/a
Audaz	Feliz	Risueño/a
Bienvenido/a	Generoso/a	Satisfecho/a
Capaz	Gentil	Seguro/a
Cariñoso/a	Importante	Simpático/a
Complacido/a	Impresionado/a	Solícito/a
Comprometido/a	Ingenioso/a	Sosegado/a
Confiado/a	Inspirado/a	Tranquilo/a
Conforme	Intrépido/a	Útil
Contento/a	Intrigado/a	Valorado/a

Palabras para expresar un impacto negativo

Abandonado/a	Culpable	Menospreciado/a
Aburrido/a	Débil	Nervioso/a
Afectado/a	Decaído/a	Nostálgico/a
Afligido/a	Derrotado/a	Oprimido/a
Agitado/a	Descontento/a	Pendenciero/a
Agobiado/a	Desesperado/a	Preocupado/a
Agotado/a	Diferente	Presionado/a
Aislado/a	Distraído/a	Rechazado/a
Amargado/a	Dolido/a	Raro/a
Ambivalente	Enfadado/a	Solo/a
Amenazado/a	Engañado/a	Sorprendido/a
Ansioso/a	Enojado/a	Sospechoso/a
Apenado/a	Envidioso/a	Temeroso/a
Apurado/a	Escéptico/a	Tenso/a
Arrepentido/a	Estresado/a	Tonto/a
Asustado/a	Exasperado/a	Traicionado/a
Atemorizado/a	Excluido/a	Triste
Aterrorizado/a	Frustrado/a	Vacío/a
Atrapado/a	Imprudente	Vulnerable
Aturdido/a	Inquieto/a	
Cansado/a	Inseguro/a	
Celoso/a	Intranquilo/a	
Confundido/a	Juzgado/a	
Conmocionado/a	Melancólico/a	

LOS TRASPIÉS MÁS HABITUALES
A LA HORA DE DAR
FEEDBACK

Ahora sabe que para dar un buen *feedback* SCI debe describir una situación específica, explicar el comportamiento concreto y aclarar el impacto que tuvo el comportamiento en usted. Pero incluso cuando se conoce la fórmula adecuada, hay algunos traspiés que pueden desviarnos del mensaje y debilitar la oportunidad de desarrollo que supone el *feedback*. La investigación y la experiencia de CCL enseñando a dar *feedback* efectivo han identificado diez traspiés que hay que intentar evitar después de dar *feedback* SCI.

1. Si se retracta del *feedback* que proporciona, el receptor no captará el mensaje. «Usted me interrumpió, lo cual me hizo sentir irritado, pero pensándolo bien, era un momento de mucha agitación…».

2. Si incluye sus propias experiencias, aleja la responsabilidad del receptor del *feedback*. «Recuerdo cuando yo hice lo mismo…».

3. Si recurre a su propia vulnerabilidad, está presuponiendo que conoce lo que el receptor experimenta o piensa. «Yo solía tener el mismo problema…».

4. Si intenta amortiguar el *feedback*, puede poner al receptor a la defensiva, por lo que estará menos receptivo al mensaje. «No le va a gustar lo que le voy a decir…».

5. Si etiqueta su *feedback* con antelación, puede crear una ansiedad innecesaria y es posible que el receptor no escuche todo el mensaje. «Tengo que comunicarle un *feedback* negativo...».

6. Si ofrece consejos junto con su *feedback*, el receptor puede pensar que usted oculta un interés personal. «Déjeme que le diga lo que debe hacer para que sus reuniones de equipo funcionen bien».

7. Si etiqueta el comportamiento como un problema, posiblemente pondrá al receptor a la defensiva y tal vez no escuche el mensaje. «Tiene problemas para entregar a tiempo sus informes sobre gastos».

8. Si no utiliza palabras que comuniquen de manera precisa su mensaje o no presta atención al lenguaje que utiliza, puede provocar reacciones emocionales innecesarias. «Parecía una cotorra esta mañana en la reunión».

9. Si juzga a la persona en vez del comportamiento, el receptor del *feedback* probablemente se pondrá a la defensiva y quedará resentido. «Hoy ha sido muy problemático».

10. Si se retrasa en dar el *feedback*, es posible que sus recuerdos sobre el evento no sean lo suficientemente claros para ser específicos y el receptor podría preguntarse por qué la conversación no ha tenido lugar antes. «El pasado mes, cuando asistimos a la feria regional...».

A la hora de dar *feedback* SCI:

☐ Elija un entorno cómodo y libre de distracciones para usted y para el destinatario.

☐ Demuestre que se interesa por el destinatario durante toda la conversación.

☐ Controle el ritmo con el que proporciona el *feedback* para asegurarse de que el destinatario tenga tiempo de asimilar cada comentario y de responder antes de pasar al siguiente. Realice más de una sesión si es necesario.

☐ Dé oportunidades al destinatario de hacer preguntas para aclarar sus dudas, y así comprender y asimilar mejor el *feedback*.

☐ Después de ofrecer el *feedback*, haga preguntas abiertas con el fin de iniciar una conversación de desarrollo. Por ejemplo: «¿Cómo cree que podría haber conseguido el impacto que quería?».

☐ Evite dar consejos sobre cambios de comportamiento si no se los solicitan. Si el destinatario no los pide, pregúntele si le gustaría recibir consejos.

☐ Comprenda que para muchas personas es difícil pasar directamente de recibir *feedback* a mantener una conversación de desarrollo. En estos casos, la conversación puede ser más productiva si se realiza un seguimiento posterior.

☐ Si el *feedback* forma parte de una conversación de desarrollo continua, busque maneras de apoyar al destinatario en cualquier acción que planee emprender y realicen juntos un seguimiento de esos planes.

☐ Convierta esta oportunidad en una experiencia de desarrollo para usted. Analice el proceso de *feedback* con el destinatario y busquen formas de mejorarlo.

A la hora de recibir *feedback* SCI:

- [ ] Escuche atentamente y con gratitud. El *feedback* es un regalo que nos ayuda en nuestro desarrollo.

- [ ] Haga preguntas para aclarar sus dudas y, al final, parafrasee el *feedback* que haya recibido para demostrar que lo ha comprendido.

- [ ] Evite explicar sus comportamientos, al menos al principio. Tal vez tenga la oportunidad de hacerlo en una conversación de desarrollo posterior al *feedback*.

- [ ] Evite ponerse a la defensiva acerca del *feedback* que reciba. Considere que se le proporciona con buenas intenciones y con el objetivo de facilitar su desarrollo.

- [ ] Cuando haya asimilado completamente el *feedback*, dé las gracias a la persona que se lo haya proporcionado y pida consejos que le ayuden en su desarrollo.

- [ ] Adopte el hábito de solicitar, dar y recibir *feedback*.

CÓMO CONTINUAR DESARROLLANDO SUS HABILIDADES DE *FEEDBACK SCI*

Aprender a dar *feedback* SCI es una de las tareas más complejas, pero esenciales, del liderazgo. De hecho, a muchos líderes les produce aprensión tener que dar *feedback* y a menudo lo evitan completamente. Para continuar desarrollando sus habilidades de *feedback* SCI, cree objetivos que incorporen las cualidades de los líderes de éxito. A continuación encontrará nueve propuestas para desarrollar sus habilidades de *feedback*:

01 Procure ayudar

En vez de señalar lo que los demás hacen mal, céntrese en mejorar su desempeño y ayudarles a desarrollarse. Las personas quieren reproducir los comportamientos que ayudan a tener éxito y estarán más receptivas si sienten que usted se preocupa por sus intereses. Si les describe lo que hacen bien, les animará a rendir a un mayor nivel.

02 Dialogue con los demás

Mantenga conversaciones bidireccionales, en vez de dar lecciones. Si escucha lo que tienen que decir los demás, construirá relaciones más sólidas. Si las personas pueden compartir su punto de vista, se sentirán escuchadas y apreciarán su receptividad.

03 Preste atención

Conviértase en observador/a de comportamientos. Entrénese para detectar el impacto que los comportamientos tienen en los demás y utilice sus observaciones a la hora de dar *feedback*.

04 Céntrese en el comportamiento

Centre su atención en el comportamiento y utilice verbos para describir el comportamiento específico observado. Cíñase a los hechos y evite que sus palabras transmitan sus sentimientos y sesgos personales.

05 No espere

No espere a encontrar el momento «ideal» para mantener una conversación. El *feedback* será mucho más efectivo si puede darlo poco después de producirse el comportamiento. Si pasan días, semanas o incluso meses, perderá relevancia.

06 Piense siempre en el futuro

Entable una conversación sobre los cambios que espera ver en adelante. Establezca un plan con el receptor que describa en líneas generales aquello en lo que deba trabajar.

07 Mantenga abierta la comunicación

Dar *feedback* es un proceso continuo. Cuando proporciona *feedback* con regularidad, los demás aprenden lo que deberían empezar a hacer, dejar de hacer o seguir haciendo. Asegúrese de que entienden lo satisfecho/a que se siente con su progreso. Si no progresan en absoluto, deberá entablar otra conversación para ofrecerles más *feedback*, lo que les dará otra oportunidad de realizar los cambios necesarios.

08

Comparta sus conocimientos

Dedique tiempo a ofrecer mentoría a otras personas y a identificar las áreas en las que podrían necesitar su ayuda. Si adopta un enfoque colaborativo a la hora de dar *feedback*, tendrá más probabilidades de obtener los resultados que desea.

09

Predique con el ejemplo

No se limite a dar *feedback*; pida también *feedback* sobre su propio comportamiento. Busque oportunidades para recibir *feedback* y utilice lo aprendido para impulsar su desarrollo personal y profesional.

Para que el *feedback* SCI sea efectivo, los líderes deben crear un entorno en el que este sea bien recibido. ¿El personal de su organización está preparado para recibir *feedback*? ¿Es posible que el *feedback* desencadene emociones negativas? ¿Se siente cómodo el personal para decir lo que funciona y lo que no? Aquí le presentamos algunas maneras de asegurarse de crear un entorno favorable para el *feedback*:

Genere confianza. Cree un sistema de *feedback* que fomente los comentarios constructivos. Si muestra que usted también es receptivo/a al *feedback*, creará un entorno de seguridad y confianza.

Pida *feedback*. Si quiere normalizar el *feedback* en la cultura de su organización, tendrá que pedirlo expresamente.

Escuche. Permita que los demás expresen sus preocupaciones o ideas y que hagan preguntas. Anímelos a desarrollar sus reflexiones. Muéstreles que comprende perfectamente lo que lo necesitan o quieren.

Implíquese. Haga un seguimiento de las preocupaciones o ideas de los demás. Eso les demostrará que les escucha y que le interesan sus opiniones.

Practique el *feedback*

¿Le hace falta algo de práctica? A continuación le presentamos algunas ideas para identificar oportunidades de dar y recibir *feedback*.

- Cree un sistema de control y planificación del *feedback*.

- Ofrezca mentoría al miembro más nuevo de su grupo.

- Solucione el problema de un empleado.

- Ofrezca *coaching* a personas que tengan un bajo rendimiento y establezca objetivos mediante el método SCI.

- Dirija un nuevo equipo.

- Delegue responsabilidades en un miembro del equipo con menos experiencia y utilice el *feedback* para ayudarle a evaluar su progreso.

- Ayude a algún compañero con una habilidad que usted domine. Practique el *coaching* utilizando el método SCI.

- Ponga en marcha un nuevo proceso. Brinde *feedback* a su grupo durante la transición del sistema antiguo al nuevo.

LA ENTREGA DE *FEEDBACK* SCI VIRTUAL

¿Cómo puede proporcionar *feedback* si no ve a su equipo cara a cara con regularidad? ¿Cómo puede evitar que la comunicación sea impersonal? ¿Cómo puede asegurarse de que no se malinterprete su *feedback*? Aunque los equipos virtuales afrontan desafíos propios, son cada vez más comunes en el entorno laboral actual. Los líderes efectivos comprenden sus obstáculos y cómo gestionarlos. La clave está en elaborar un plan bien definido que le permita crear una cultura favorable para el *feedback*, incluso con un equipo remoto.

Si bien podrá utilizar las mismas habilidades de *feedback* SCI que hemos comentado en este libro, tendrá que adaptarlas a las limitaciones del entorno virtual. Las conversaciones pueden centrarse más en las tareas, lo que dificulta desarrollar la confianza. Cuando los equipos trabajan en la distancia, no se producen visitas informales a la oficina de los compañeros de trabajo ni conversaciones espontáneas en los pasillos. Además, no puede observar a los miembros del equipo en su día a día, lo que dificulta poder describir inmediatamente los comportamientos y las situaciones.

Si no ve a su equipo cada día, el *feedback* es incluso más importante, pero requiere un esfuerzo extra. Tendrá que reforzar las relaciones y generar confianza para que el *feedback* sea bien recibido. A continuación le mostramos cómo desarrollar una cultura favorable para el *feedback*, incluso con un equipo remoto:

- Mantenga el contacto con el equipo remoto periódicamente para que sus integrantes no se sientan aislados.

- Planifique con antelación llamadas regulares para dar *feedback*.

- Cree un espacio virtual compartido para la comunicación informal del equipo.

- Asegúrese de estar disponible y receptivo/a para todos los integrantes del equipo.

- Comuníquese de manera abierta y sincera.

- Haga un mayor esfuerzo para utilizar tanto la comunicación formal como la informal.

- Busque oportunidades para conocer a los miembros del equipo virtual en un plano más personal.

Cómo observar el comportamiento de forma remota

Cuando se está en la misma sala, observar un comportamiento o hacer una pregunta puede ser relativamente sencillo. Podemos evaluar la respuesta de la persona y leer su lenguaje corporal porque está justo delante de nosotros. Este es uno de los retos clave del *feedback* virtual; no siempre puede ver lo que hace la gente ni evaluar su progreso de la misma forma en que lo haría en persona. Cuando proporcione *feedback* SCI a los miembros de un equipo virtual, tendrá que adaptar su manera de observar y describir las situaciones y los comportamientos. Por ejemplo, en una reunión presencial puede observar las habilidades de presentación de una persona. En un entorno virtual, puede observar habilidades como la efectividad de una presentación por videoconferencia o la redacción de un correo electrónico determinado. El tono de voz y la elección de palabras son el principal punto de referencia para la gente, de manera que deberá esforzarse más para que su mensaje sea claro y específico. Tenga cuidado sobre todo con las ambigüedades y su uso del humor, porque la ausencia de expresiones faciales y otras formas de comunicación no verbal aumenta la probabilidad de que se produzcan malentendidos. Puede mejorar su comunicación mediante una llamada de vídeo, que permite conectar de una forma más personal, interpretar las señales no verbales y reducir la probabilidad de que se desvirtúe el mensaje.

Consejos para la comunicación virtual

Si bien la comunicación puede ser un reto para los equipos virtuales, gestionar las limitaciones del *feedback* virtual es una de las habilidades más importantes que podemos aprender. No solo necesita comprender perfectamente a los miembros de su equipo, sino que además debe asegurarse de que ellos le entiendan a usted. A continuación proponemos algunos consejos sobre cómo optimizar la comunicación con su equipo virtual:

- Comuníquese de forma concisa y frecuente. Los equipos virtuales requieren más información de una forma más frecuente, pero más directa; no agobie a los miembros del equipo con largos correos electrónicos o reuniones virtuales.

- Reserve tiempo para celebrar reuniones virtuales individuales con regularidad.

- Solicite feedback constructivo por parte de su equipo. Cree un diálogo bidireccional, aunque no se reúnan en persona.

- Comparta la información importante de manera oportuna. Asegúrese de que los miembros del equipo tengan toda la información que necesitan para hacer bien su trabajo y sentirse conectados con la organización.

- Cuando dé instrucciones, compruebe que los miembros del equipo las hayan entendido.

- Cree un espíritu de comunidad para que los compañeros puedan conocerse en un plano más personal. Procure que haya tiempo para socializar al comienzo de las reuniones virtuales.

- Tenga en cuenta las diferencias culturales cuando trabaje con equipos internacionales. Sea consciente de las normas culturales, las barreras lingüísticas y los estilos de comunicación que pueda haber en otros países con los que esté trabajando.

Las culturas virtuales también son importantes

Cuando las personas comprendan que el *feedback* es lo normal, y no un evento ocasional, aumentarán las probabilidades de que ellas también den y reciban *feedback* SCI correctamente. A continuación encontrará algunas maneras de lograrlo con su equipo remoto:

- Hable específicamente acerca de la cultura favorable para el *feedback* que desea crear. Explique que desea convertirlo en un elemento habitual de su trabajo en equipo.

- Puede celebrar una reunión virtual sobre el tema del *feedback*.

- Consiga que todos tengan la misma percepción de lo que es el *feedback* y por qué lo usan. Comparta algunos artículos para que los lean y hablen sobre cómo podrían aplicarlos.

- Cree formas sistemáticas de dar *feedback*. Reserve tiempo en sus comunicaciones semanales para intercambiar *feedback*, de modo que se convierta en un aspecto normal y rutinario de sus conversaciones.

El *feedback* SCI no solo es útil en el entorno de trabajo; también puede utilizar las mismas habilidades que ha aprendido para determinar situaciones, identificar comportamientos y comunicar el impacto fuera del trabajo. Piense, por ejemplo, en las interacciones con su familia, sus vecinos o sus amigos. El *feedback* SCI es una forma estupenda de mantener la objetividad y de evitar las evaluaciones e interpretaciones subjetivas. La clave para una buena relación está en la comunicación, y el *feedback* SCI puede ayudarle a transmitir su mensaje de forma precisa y concisa (y, de paso, puede enseñar a los demás su funcionamiento). ¡Póngalo a prueba a ver qué ocurre!

LA COMBINACIÓN DE TODOS LOS FACTORES

Repase los elementos del *feedback* SCI y practique su uso siempre que pueda. No tiene por qué esperar a que surja una situación de *feedback* real para revisar y utilizar sus habilidades. Por ejemplo, la próxima vez que asista a una feria comercial y escuche una presentación convincente, piense en lo que está experimentando y qué es lo que hace que esa presentación sea efectiva. Observe al orador y tome nota de la situación, el comportamiento del orador y el impacto que ese comportamiento está teniendo en usted. ¿Realiza el orador gestos con las manos? ¿Cuál es su tono de voz? ¿Qué tipo de expresiones faciales muestra? ¿Son las palabras del orador apropiadas para el público y el asunto tratado? Una vez que haya practicado de esta forma distante, puede ser útil practicar con un compañero que se preste a ello, preferiblemente alguien del trabajo. Puede tratar una situación sencilla con un impacto sencillo, pero utilice una situación que pueda producirse en la realidad (una situación imaginaria no será de mucha ayuda). Establezca los hechos (situación y comportamiento) y, a continuación, dé su respuesta (impacto).

Dedique tiempo a reflexionar sobre su *feedback*. Pregúntese: «¿Por qué presté atención a este comportamiento en particular? ¿Qué dice eso de mí?». Quizá observó comportamientos que desea adoptar usted mismo/a o comportamientos que desea abandonar o evitar. La reflexión también le ofrece tiempo para comprender la auténtica naturaleza del impacto que tuvo el comportamiento en usted. Pregúntese: «¿Cómo me sentí cuando me habló con ese tono de voz?» o «¿Cuál fue mi respuesta emocional cuando me estrechó la mano y me dijo que mis informes demostraban buenas dotes de investigación y atención al detalle?». La reflexión le ayudará a proporcionar un *feedback* más conciso y centrado, y a evitar los traspiés que podrían debilitar su mensaje.

A medida que se familiarice con el *feedback* SCI y se sienta más cómodo/a con su uso, irán mejorando sus habilidades de *feedback*. Las personas con las que trabaja se beneficiarán del esfuerzo que usted ponga en ayudarlas a desarrollarse. Usted, a cambio, se beneficiará del desarrollo de una habilidad útil que no solo le ayudará a aumentar la productividad de todas las personas de su entorno, sino que además reforzará sus habilidades de liderazgo personal.

Propuestas de recursos

Buron, R. J. y McDonald-Mann, D. (2018). *Cómo proporcionar feedback a los subordinados*. Greensboro, NC: Center for Creative Leadership.

Center for Creative Leadership (2018). *Better conversations every day*. Greensboro, NC: Center for Creative Leadership. https://www.ccl.org/leadership-solutions/coaching-services/better-conversations-every-day/

Craven, Jack. «Being a great leader means giving and receiving feedback». Consultado en: https://www.forbes.com/sites/forbescoachescouncil/2018/01/16/being-a-great-leader-means-giving-and-receiving-feedback/

DeRosa, Darleen. (2009). «Virtual success: The keys to effectiveness in leading from a distance». LIA. Vol. 28, n.º 6.

Gentry, W. y Young, S. (2017). «Busting myths about feedback: What leaders should know» [libro blanco]. Greensboro, NC: Center for Creative Leadership.

Goldsmith, M. «Try feedforward instead of feedback». Consultado en: http://www.marshallgoldsmithfeedforward.com/html/Articles.htm

Goleman, D. (1999). *La práctica de la inteligencia emocional*. Barcelona: Editorial Kairós.

Hart, E. W. y Horth, D. M. (2016). *Feedback that works: Coach with conversations*. Greensboro, NC: Center for Creative Leadership.

Heller, Michael. «4 ways to give feedback & listen to be a better leader». Consultado en: https://www.business2community.com/leadership/4-ways-give-feedback-listen-better-leader-01938401

Hering, Beth Braccio. «Creating a feedback-friendly remote culture». Consultado en: https://remote.co/creating-feedback-friendly-remote-culture/

Hodges, Sam. «Here's how to create a feedback-friendly culture (Hint: It starts at the top)». Consultado en: https://www.inc.com/sam-hodges/3-ways-to-build-a-feedback-friendly-culture-at-your-company.html

Kessler, Michael E. y Prestridge, Sonya. (2003). «Going the distance: The challenges of leading a dispersed team». LIA. Vol. 23, n.º 5.

Kirkland, K. y Manoogian, S. (1998). *Ongoing Feedback: How to get it, how to use it*. Greensboro, NC: Center for Creative Leadership.

Leslie, Jean Brittain; Luciano, Margaret M.; Mathieu, John E.; Hoole, Emily. (2018). «Challenge accepted: Managing polarities to enhance virtual team effectiveness». People + Strategy. Vol. 41, n.º 2.

Maier, Steffen. «The formula for giving constructive, actionable feedback». Consultado en: https://www.bizjournals.com/bizjournals/how-to/human-resources/2016/02/the-formula-for-giving-constructive-feedback.html

Marano, Hara Estroff. «Our brain's negative bias». Consultado en: https://www.psychologytoday.com/us/articles/200306/our-brains-negative-bias

McCarthy, Dan. «Feedback for virtual teams». Consultado en: http://www.greatleadershipbydan.com/2008/02/feedback-for-virtual-teams.html

Scisco, P., Biech, E. y Hallenbeck, G. (2017). *Compass: Your guide for leadership development and coaching*. Greensboro, NC: Center for Creative Leadership.

Sillett, Dawn. «Giving actionable feedback needs action words». Consultado en: https://www.zoomly.co.uk/giving-actionable-feedback-needs-action-words/

Stone, D., Patton, B. y Heen, S. (1999). *Conversaciones difíciles: cómo hablar de los asuntos importantes*. Barcelona: Grijalbo.

Taylor, S. (2014). «Feedback: Who, when, and how to ask». *Experience-driven leader development* (pp. 203-206). San Francisco: John Wiley and Sons, Inc.

Tugend, Alina. «Praise is fleeting, but brickbats we recall». Consultado en: https://www.nytimes.com/2012/03/24/your-money/why-people-remember-negative-events-more-than-positive-ones.html

Van Velsor, E., Leslie, J. B. y Fleenor, J. W. (1997). *Choosing 360: A guide to evaluating multi-rater feedback instruments for management development*. Greensboro, NC: Center for Creative Leadership.

Van Velsor, E., McCauley, C. D. y Ruderman, M. N. (eds.). (2010). *The Center for Creative Leadership handbook of leadership development* (3.ª ed.). San Francisco: Jossey Bass y Center for Creative Leadership.

Warrell, Margie. «Is negativity bias sabotaging your success?». Consultado en: https://www.forbes.com/sites/margiewarrell/2017/09/30/combat-negativity-bias/

Wellings, Cathy. «Six skills you need for leading virtual teams». Consultado en: https://www.skillsyouneed.com/rhubarb/managing-virtual-teams.html

Zetlin, Minda. «Great leaders give feedback that inspires employees' best performance. Here's how they do it». Consultado en: https://www.inc.com/minda-zetlin/how-great-leaders-give-feedback-that-inspires-employees-best-performance.html

«How to create a feedback friendly culture on your team». Consultado en: http://www.managementcenter.org/article/how-to-create-a-feedback-friendly-culture-on-your-team/

Antecedentes

Los consejos aportados en este manual están respaldados por la experiencia educativa e investigadora de CCL, la cual ha demostrado con los años el valor de, por un lado, las evaluaciones para el desarrollo y, por el otro, el desarrollo sistémico.

La evaluación para el desarrollo ha sido una esfera de interés para CCL desde sus inicios en 1970. En aquellos tiempos, la práctica empresarial estándar consistía en evaluar el rendimiento de los empleados, pero sin compartir con ellos los resultados de las evaluaciones. Cuando CCL desarrolló su Leadership Development Program (LDP)® (Programa de desarrollo del liderazgo), esa noción fue descartada y reemplazada por la idea, entonces radical, de compartir la información de las evaluaciones con las personas evaluadas. Esa práctica era, y sigue siendo, una experiencia de *feedback* intensiva.

CCL fue consciente desde un principio de que el desarrollo de la capacidad de liderazgo no era algo que pudiera lograrse a través de un único evento. La investigación y la experiencia de CCL ayudaron a cambiar el paradigma, y a reconocer que el liderazgo debe desarrollarse por medio de un proceso continuo y sistémico, y que el *feedback* constante constituye un componente esencial de este proceso.

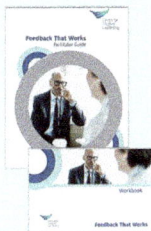

Kit de materiales para el taller *Feedback efectivo*

¿Cómo podemos intercambiar *feedback* directo, sincero y oportuno, libre de emociones y juicios de valor, para lograr nuestros objetivos? Con el kit de materiales para el taller de CCL, aprenderá un modelo de *feedback* sencillo, decisivo y efectivo que permitirá a sus empleados dar y recibir *feedback* concreto y productivo.

Recursos adicionales: Paquete del manual de *feedback*

https://solutions.ccl.org/FeedbackGuidebookPackage

El paquete del manual de *feedback* incluye:

- *Feedback efectivo: Cómo crear y transmitir mensajes*
- *Ongoing Feedback: How to Get it, How to Use It (Feedback continuo: Cómo obtenerlo y cómo utilizarlo)*
- *Feedback in Performance Reviews (Feedback en las evaluaciones de rendimiento)*